SICHUANSHENG GONGCHENG JIANSHE BIAOZHUN SHEJI

四川省工程建设标准设计

彩色透水混凝土整体路面构造图集

四川省建筑标准设计办公室

图集号 川16Z117-TY

微信扫描上方二维码，
获取更多数字资源

西南交通大学出版社
·成都·

图书在版编目（CIP）数据

彩色透水混凝土整体路面构造图集 / 四川省建筑设计研究院主编. —成都：西南交通大学出版社，2016.11
ISBN 978-7-5643-5092-5

Ⅰ. ①彩… Ⅱ. ①四… Ⅲ. ①透水路面–水泥混凝土路面–构造–图集 Ⅳ. ①U416.216-64

中国版本图书馆 CIP 数据核字（2016）第 256285 号

责任编辑　柳堰龙
封面设计　何东琳设计工作室

彩色透水混凝土整体路面构造图集

主编　四川省建筑设计研究院

出版发行	西南交通大学出版社 （四川省成都市二环路北一段 111 号 西南交通大学创新大厦 21 楼）
发行部电话	028-87600564　028-87600533
邮政编码	610031
网　　址	http://www.xnjdcbs.com
印　　刷	四川煤田地质制图印刷厂
成品尺寸	260 mm × 185 mm
印　　张	2
字　　数	55 千
版　　次	2016 年 11 月第 1 版
印　　次	2016 年 11 月第 1 次
书　　号	ISBN 978-7-5643-5092-5
定　　价	24.00 元

图书如有印装质量问题　本社负责退换
版权所有　盗版必究　举报电话：028-87600562

四川省住房和城乡建设厅

川建勘设科发〔2016〕759号

四川省住房和城乡建设厅关于发布《彩色透水混凝土整体路面构造图集》为省建筑标准设计通用图集的通知

各市（州）及扩权试点县（市）住房城乡建设行政主管部门：

由四川省建筑标准设计办公室组织、四川省建筑设计研究院主编的《彩色透水混凝土整体路面构造图集》，经审查通过，现批准为四川省建筑标准设计通用图集，图集编号为川16Z117-TY，自2017年1月1日起施行。

该图集由四川省住房和城乡建设厅负责管理，四川省建筑设计研究院负责具体解释工作，四川省建筑标准设计办公室负责出版、发行工作。

特此通知。

四川省住房和城乡建设厅
二〇一六年九月二十二日

主编单位、参编单位、编制人员名单

主编单位：四川省建筑设计研究院

参编单位：四川靓固科技集团有限公司
　　　　　西南科技大学
　　　　　四川省建筑科学研究院
　　　　　西南交通大学
　　　　　中国市政工程西南设计研究总院有限公司
　　　　　成都市建筑设计研究院
　　　　　四川省第六建筑有限公司
　　　　　四川省绵阳市新型墙材建筑节能协会

编制人员：李　纯　徐　卫　柴铁锋　王　瑞　李　谦　黎　力　蔡燕歆　何　昕　玄　丽
　　　　　姚　勇　胡小平　高海磊　郭　蓉　杨　立　李长奇　赵　怡　陈林霞

彩色透水混凝土整体路面构造图集

批准部门：四川省住房和城乡建设厅	批准文号：川建勘设科发〔2016〕759
主编单位：四川省建筑设计研究院	图 集 号：川16Z117-TY
参编单位：四川靓固科技集团有限公司	实施日期：2017年1月1日起实施

主编单位负责人：

主编单位技术负责人：

技术审定人：

技术负责人：

目 录

目录 …………………………………………… 1	路面接绿地或护坡构造、桥面截水沟构造 ………… 14
编制说明 ……………………………………… 2	桥面排水沟构造 …………………………………… 15
路面构造 ……………………………………… 7	透水跑道构造、透水足球场构造 ………………… 16
改建路面构造 ………………………………… 9	彩色透水混凝土整体路面四川省2015年计价定额基价 … 17
改建路面构造、路基加强路面构造 ………… 10	附录1：工程实例展示 …………………………… 18
路基加强路面构造、车行道接人行道构造 … 11	附录2：彩色透水混凝土整体路面剖面图 ……… 22
路面接铺装构造、路面接沥青地面构造 …… 12	附录3：彩色透水混凝土整体路面颜色色卡 …… 23
路面接沥青地面构造、路面接排水沟构造 … 13	企业简介 …………………………………………… 24

编 制 说 明

1 前言

彩色透水混凝土整体路面是由集料、水泥、水、粘结剂、着色剂等材料经拌合、浇筑硬化后,面层涂刷保护剂,形成的一种新型建筑室外透水地面铺装材料,除保留普通透水混凝土路面的性能外,还提高了透水率,扩大了使用范围。

2 编制依据

《透水水泥混凝土路面技术规程》　　　　　CJJ/T 135
《无机地面材料耐磨性能试验方法》　　　　GB/T 12988
《普通混凝土长期性能和耐久性能试验方法标准》
　　　　　　　　　　　　　　　　　　　　GB/T 50082
《建筑用卵石、碎石》　　　　　　　　　　GB/T 14685
《通用硅酸盐水泥》　　　　　　　　　　　GB 175
《混凝土外加剂》　　　　　　　　　　　　GB 8076
《混凝土用水标准》　　　　　　　　　　　JGJ 63
《混凝土外加剂应用技术规范》　　　　　　GB 50119
《混凝土质量控制标准》　　　　　　　　　GB 50164
《普通混凝土配合比设计规程》　　　　　　JGJ 55
《混凝土和砂浆用颜料及其试验方法》　　　JC/T 539
《耐热混凝土应用技术规程》　　　　　　　YB/T 4252
《混凝土强度检验评定标准》　　　　　　　GB/T 50107
《地坪涂料》　　　　　　　　　　　　　　HG/T 3829
《室外排水设计规范》　　　　　　　　　　GB 50014
《城镇道路路面设计规范》　　　　　　　　CJJ 169
《城市道路工程设计规范》　　　　　　　　CJJ 37
《城镇道路养护技术规范》　　　　　　　　CJJ 36
《城镇道路工程施工与质量验收规范》　　　CJJ 1
《建筑工程施工质量验收统一标准》　　　　GB 50300

3 特性

透水率高、承载力高、色彩靓丽、耐用耐磨、吸音降噪、抗冻耐热、增湿降温、无机环保、施工速度快、应用广泛。主要物理性能见表1。

表1 彩色透水混凝土整体路面的物理性能

项目		单位	性能	
耐磨性（磨坑长度）		mm	≤30	
透水系数（15℃）		mm/s	≥1	
抗冻性	25次冻融循环后抗压强度损失率	%	≤20	
	25次冻融循环后质量损失率	%	≤5	
连续孔隙率		%	15～20	
强度等级			C20	C30
抗压强度（28 d）		MPa	≥20	≥30
弯拉强度（28 d）		MPa	≥2.5	≥3.5
耐热度	110℃/7 d高温处理后透水系数损失率	%	<0.1	
	110℃/7 d高温处理后抗压强度损失率	%	<0.2	

4 适用范围

本图集适用于公园、住宅小区、广场、停车场、非机动车道、人行道、体育场地等彩色透水混凝土整体路面的设计。本图集不适用于严寒地区、膨胀土地区。彩色透水混凝土整体路面构造及适用范围见表2。

表2 彩色透水混凝土整体路面构造及适用范围

编号	名称	适用范围
路1	彩色透水混凝土整体路面素土基础（60 mm）	园区小径
路2	彩色透水混凝土整体路面素土基础（80 mm）	人行便道、宅间小路、休闲广场地面、自行车道、室外运动场
路3	彩色透水混凝土整体路面素土基础（120 mm）	20 t以下荷载停车场、广场、景观道、体育场
路4	彩色透水混凝土整体路面素土基础（150 mm）	30 t以下荷载停车场
路5	不透水混凝土路面改造成彩色透水混凝土整体路面（60 mm）	原不透水混凝土改建路面，改建后全透水
路6	不透水混凝土路面改造成彩色透水混凝土整体路面（80 mm）	原不透水混凝土改建路面，改建后全透水
路7	不透水混凝土路面改造成彩色透水混凝土整体路面（120 mm）	原不透水混凝土改建路面，改建后全透水
路8	砂石垫层加强路基的彩色透水混凝土整体路面（80 mm）	砂石垫层加强路基路面
路9	砂石垫层加强路基的彩色透水混凝土整体路面（120 mm）	砂石垫层加强路基路面

续表2

编号	名称	适用范围
路10	彩色透水混凝土整体路面（车行道接人行道）	彩色透水混凝土车行道与彩色透水混凝土人行道相接
路11	彩色透水混凝土整体路面与铺装地面相接	彩色透水混凝土整体路面与其他铺装路面相接（不含沥青路面）
路12	彩色透水混凝土整体路面接沥青地面（有平缘石）	彩色透水混凝土整体路面与沥青地面相接，中间设平缘石
路13	彩色透水混凝土整体路面接沥青地面（无平缘石）	彩色透水混凝土整体路面与沥青地面相接，中间无平缘石
路14	彩色透水混凝土整体路面接排水沟（明沟）	彩色透水混凝土整体路面接排水明沟
路15	彩色透水混凝土整体路面接绿地或护坡	彩色透水混凝土整体路面与绿地或护坡相接
路16	桥面彩色透水混凝土整体路面截水沟剖面图	桥面彩色透水混凝土整体路面设置截水沟
路17	桥面彩色透水混凝土整体路面接排水明沟	桥面彩色透水混凝土整体路面接排水明沟
路18	桥面彩色透水混凝土整体路面接排水暗沟	桥面彩色透水混凝土整体路面接排水暗沟
路19	绿色柔性透水混凝土跑道构造	彩色透水混凝土整体路面上铺无溶剂2.0渗水型跑道
路20	铺装人造草皮的透水混凝土足球场构造	彩色透水混凝土整体路面上铺人造草皮

编制说明　图集号 川16Z117-TY

5 材料构成及材料要求

5.1 材料构成：集料、水泥、水、粘结剂、着色剂、保护剂。

5.2 材料要求

5.2.1 集料必须采用质地坚硬、耐久、洁净、密实碎石料，其粒径为3～5 mm（面层）、10～20 mm（底层）和20～60 mm（级配层）三种，其级配比例详见表3。集料中含泥量应小于0.5％，碎石的性能指标应符合现行国家标准《建筑用卵石、碎石》（GB/T 14685）中的二级要求，并符合其中集料的性能指标要求。

表3 石子级配比例

层位	通过以下筛孔（方筛孔mm）的质量百分率（％）								
	63.0	50.0	40.0	31.5	25.0	20.0	16.0	10.0	5.0
垫层	100	85~90	60~75	27~63	20~30	1~25	1~3	1	1

5.2.2 水泥应采用强度等级不低于42.5级的普通硅酸盐水泥，其质量应符合现行国家标准《通用硅酸盐水泥》（GB 175）的规定。不同等级、厂牌、品种、出厂日期的水泥不得混存、提用。

5.2.3 拌合用水应符合现行行业标准《混凝土用水标准》（JGJ 63）的规定。

5.2.4 着色剂为无机颜料应符合现行行业标准《混凝土和砂浆用颜料及其试验方法》（JC/T 539）中一级品的要求。着色剂置于光和大气中不褪色、耐久，不与水泥和集料起化学反应。

5.2.5 粘结剂应符合现行国家标准《混凝土外加剂》（GB 8076）的规定，并符合现行国家标准《透水水泥混凝土路面技术规程》（CJJ/T 135）中表3.1.3对无机增强料的技术指标要求，同时应使彩色透水混凝土整体路面的物理性能满足本图集表1的指标要求。

5.2.6 保护剂应符合现行行业标准《地坪涂料》（HG/T 3829）对薄型地坪涂料面漆的要求，同时应使彩色透水混凝土整体路面的物理性能满足本图集表1的指标要求。

6 结构设计

6.1 路基应稳定、均质，能为路面结构提供均匀的支撑，并满足道路路基的要求。

6.2 基层应具有足够的强度和刚度。

6.3 彩色透水混凝土整体路面的排水设计应符合现行行业标准《城市道路设计规范》（CJJ 37）和现行国家标准《室外排水设计规范》（GB 50014）的相关规定。

6.4 彩色透水混凝土整体路面的路表面排水设计应参照现行行业标准《城镇道路工程施工与质量验收规范》（CJJ 1）、《城市道路工程设计规范》（CJJ 37）和《城镇道路路面设计规范》（CJJ 169）有关道路地面排水规定。

6.5 彩色透水混凝土整体路面具有透水及储水的特性，按照海绵城市建设要求，当降雨强度超过其渗透量及单位储存量时，为防止雨季过量雨水危害土基层，路面下排水可按照国家住建部《海绵城市建设技术指南——低影响开发雨水系统构建》（试行）相关规定，铺设排水管与下沉式绿地、渗透塘、湿塘、调节塘、蓄水池等雨洪利用设施相连，既利用雨水资源，又不影响路面耐用性。

7 施工工艺

施工工艺如图1所示。

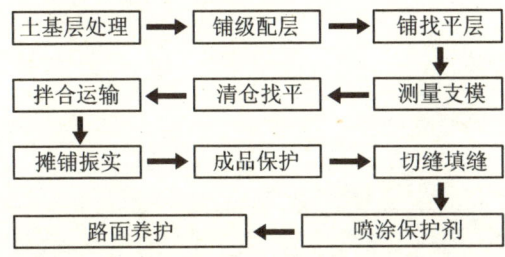

图1 施工工艺

7.1 土基层处理：路基施工前，应在压实系数≥93%且高程达到设计要求的表面平整土基层上进行施工。

7.2 铺级配层：将20～60 mm粒径的碎石集料，按比例拌合后，在土基层上摊铺平整并通过振动碾压，达到200 mm厚度和要求的压实度。

7.3 铺找平层：摊铺20 mm厚的粗砂找平层，用于填缝和人工找平，浇水使粗砂湿润后进行碾压，浇筑前保持作业面湿润。

7.4 测量支模：在找平层上按施工图纸标示高程、中线、边线放出桩号位置，并在路两侧边缘设指示桩，且标出基层高程。支模时，模板顶标高应与彩色透水混凝土整体路面面层顶标高一致。

7.5 清仓找平：清理模内基层表面，使其平整坚实、粗糙干净，其表面高程误差控制在0～15 mm内。浇筑前保持作业面湿润。

7.6 拌合运输：采用强制式搅拌机进行搅拌。需采用不同搅拌机分别搅拌不同色彩的集料。原材料计量应符合现行国家标准《混凝土质量控制标准》（GB 50164）的规定。

7.6.1 集料拌合宜先将集料、水泥、粘结剂、着色剂及其他填充料，按规定计量一次性同时加入搅拌机，然后逐步加水，拌合均匀。

7.6.2 集料拌合场地，应靠近其施工现场。拌合物从搅拌机出料后，运至施工现场进行摊铺压实、铺筑完毕的时间宜控制在30～60 min。

7.7 摊铺振实：拌合物应摊铺均匀，平整度与排水坡度应符合设计要求，摊铺时松铺系数宜为1.2。

7.7.1 摊铺宜采用低频平板振动器振实找平，对边角等处应及时人工补料找平。其底层振实找平后，即可继续摊铺彩色透水混凝土整体路面面层拌合物。

7.7.2 摊铺压实后，宜使用抹平机对面层抹平收浆。整平时必须保持模板顶面整洁，接缝处板面平整。

7.8 成品保护：路面施工完毕，及时设置围栏、警示带及人工看护等保护措施，宜在24 h后进入养护。

7.8.1 路面养护期间应封闭交通，不允许堆放重物。

7.8.2 路面施工完成1～2 d后拆除模板，操作时应防止损坏路面的表面、棱角。

7.9 切缝填缝：路面施工完成后，宜在3 d左右（强度达到设计强度的45%，掌握切割不蹦籽为宜），应按设计要求切割缩缝和胀缝。缩缝切割深度宜为路面的2/3，路面胀缝切割深度应与路面厚度相同。路面缩缝的宽度宜为5 mm，路面胀缝的宽度宜为15 mm；路面缩缝和胀缝的长度根据作业面确定，作业面平面尺寸宜为25～30 m²。路面胀缝应按设计要求嵌入柔性嵌缝材料，填缝必须保持与路面平整；当设计无要求时，应按现行国家标准《透水水泥混凝土路面技术规程》（CJJ/T 135）中接缝施工的要求进行施工。

7.10 喷涂保护剂：路面施工完成后，一般5～7 d喷涂保护剂，喷涂保护剂24 h后方可允许行人通行。

7.11 路面养护：洒水保湿，养护期间禁止使用。养护时间一般不宜少于14 d。

8 验收和维护

8.1 按照现行国家标准《透水水泥混凝土路面技术规程》（CJJ/T 135）的有关规定进行工程项目验收。

8.2 严禁在彩色透水混凝土整体路面上堆放灰砂、水泥等细小颗粒物，以免堵塞路面孔隙，降低其使用功能。为了确保彩色透水混凝土整体路面的良好性能，在其投入使用后宜采用高压水（5～20 MPa）经常冲洗路面孔隙除去堵塞物。

编号	名称	构造做法	构造简图
路1	彩色透水混凝土整体路面素土基础(60 mm)	1—保护剂涂层 2—30厚彩色面层 3—30厚原色底层 4—20厚粗砂找平层 5—200厚级配碎石（粒径20～60） 6—素土夯实，压实度≥93% ①—盲道，参照GB 50763—2012现场制作	
路2	彩色透水混凝土整体路面素土基础(80 mm)	1—保护剂涂层 2—30厚彩色面层 3—50厚原色底层 4—20厚粗砂找平层 5—200厚级配碎石（粒径20～60） 6—素土夯实，压实度≥93% ①—盲道，参照GB 50763—2012现场制作	

路面构造　　图集号 川16Z117-TY

编号	名称	构造做法	构造简图
路3	彩色透水混凝土整体路面素土基础(120 mm)	1—保护剂涂层 2—30厚彩色面层 3—90厚原色底层 4—20厚粗砂找平层 5—200厚级配碎石（粒径20～60） 6—素土夯实，压实度≥93%	
		①—盲道，参照GB 50763—2012现场制作	
路4	彩色透水混凝土整体路面素土基础(150 mm)	1—保护剂涂层 2—30厚彩色面层 3—120厚原色底层 4—20厚粗砂找平层 5—200厚级配碎石（粒径20～60） 6—素土夯实，压实度≥93%	
		①—盲道，参照GB 50763—2012现场制作	

路面构造

图集号 川16Z117-TY

页次 8

编号	名称	构造做法	构造简图
路5	不透水混凝土路面改造成彩色透水混凝土整体路面（60 mm）	1—保护剂涂层 2—30厚彩色面层 3—30厚原色底层 4—原混凝土路面抛毛 5—原道路构造层 ①—原混凝土结构打孔 ϕ100（打孔间距按照工程设计）	
路6	不透水混凝土路面改造成彩色透水混凝土整体路面（80 mm）	1—保护剂涂层 2—30厚彩色面层 3—50厚原色底层 4—原混凝土路面抛毛 5—原道路构造层 ①—原混凝土结构打孔 ϕ100（打孔间距按照工程设计）	

注：路5、路6用于原混凝土改建路面时，要求路面改建前后荷载等级不变

改建路面构造

图集号 川16Z117-TY

页次 9

编号	名称	构造做法	构造简图
路7	不透水混凝土路面改造成彩色透水混凝土整体路面（120 mm）	1—保护剂涂层 2—30厚彩色面层 3—90厚原色底层 4—原混凝土路面抛毛 5—原道路构造层 ①—原混凝土结构打孔 ϕ100（打孔间距按照工程设计）	
路8	砂石垫层加强路基的彩色透水混凝土整体路面(80 mm)	1—保护剂涂层 2—30厚彩色面层 3—50厚原色底层 4—20厚粗砂找平层 5—200厚级配碎石（粒径20～60） 6—200～500厚连砂石（根据不同土质确定连砂石层厚度） 7—素土夯实，压实度≥93%	

注：1. 路7用于原混凝土改建路面时，要求路面改建前后荷载等级不变
2. 路8连砂石做法详见工程设计

改建路面构造、路基加强路面构造

图集号 川16Z117-TY

页次 10

编号	名称	构造做法	构造简图
路9	砂石垫层加强路基的彩色透水混凝土整体路面(120 mm)	1—保护剂涂层 2—30厚彩色面层 3—90厚原色底层 4—20厚粗砂找平层 5—200厚级配碎石（粒径20～60） 6—200～500厚连砂石（根据不同土质确定连砂石层厚度） 7—素土夯实，压实度≥93%	
路10	彩色透水混凝土整体路面（车行道接人行道）	1—立缘石 2—20厚1:2.5水泥砂浆结合层 3—C15混凝土垫层 ①—车行道路面，做法参照路3/路4 ②—人行道路面，做法参照路2 ③—盲道，参照GB 50763—2012现场制作	

注：1. 路9连砂石做法详见工程设计
2. 平缘石详工程设计，可采用条石或C25混凝土制作

路基加强路面构造、车行道接人行道构造

图集号 川16Z117-TY

页次 11

编号	名称	构造做法	构造简图
路11	彩色透水混凝土整体路面与铺装地面相接	1—平缘石 2—20厚1：2.5水泥砂浆结合层 3—C15混凝土垫层 ①—彩色透水混凝土整体路面，做法参照路1/路2/路3/路4 ②—铺装地面	
路12	彩色透水混凝土整体路面接沥青地面（有平缘石）	1—平缘石 2—20厚1：2.5水泥砂浆结合层 3—C15混凝土垫层 ①—彩色透水混凝土整体路面，做法参照路1/路2/路3/路4 ②—沥青路面结构	

注：平缘石、立缘石详工程设计，可采用条石或C25混凝土制作

路面接铺装构造、路面接沥青地面构造

图集号 川16Z117-TY

页次 12

编号	名称	构造做法		构造简图
路13	彩色透水混凝土整体路面接沥青地面（无平缘石）	①—彩色透水混凝土整体路面，做法参照路1/路2/路3/路4 ②—沥青路面结构 注—衔接处应采取防水隔水措施，详工程设计		
路14	彩色透水混凝土整体路面接排水沟（明沟）	排水沟	1—水篦子 2—1：2.5防水砂浆找平层 3—100厚C15混凝土基座 4—素土夯实，压实度≥93%	
		立缘石	1—立缘石 2—20厚1：2.5水泥砂浆结合层 3—C15混凝土垫层	
		①—彩色透水混凝土整体路面，做法参照路1/路2/路3/路4 ②—预埋φ40@1000排水管 ③—Mu7.5砖砌体		

注：立缘石详工程设计，可采用条石或C25混凝土制作

路面接沥青地面构造、路面接排水沟构造

图集号 川16Z117-TY

页次 13

编号	名称	构造做法	构造简图
路15	彩色透水混凝土整体路面接绿地或护坡	1—平缘石 2—20厚1:2.5水泥砂浆结合层 3—C15混凝土垫层 ①—彩色透水混凝土整体路面，做法参照路1/路2/路3/路4 ②—绿地或护坡详工程设计	
路16	桥面彩色透水混凝土整体路面截水沟剖面图	1—30厚彩色面层 2—50厚原色底层 3—10厚细砂子 4—找坡层 ①—成品截水沟	

注：1. 平缘石详工程设计，可采用条石或C25混凝土制作
2. 排水沟断面详工程设计

路面接绿地或护坡构造、桥面截水沟构造

图集号 川16Z117-TY

页次 14

编号	名称	构造做法		构造简图
路17	桥面彩色透水混凝土整体路面接排水沟（明沟）	桥面	1—保护剂涂层 2—30厚彩色面层 3—50厚原色底层 4—20厚1：2.5水泥砂浆结合层 5—桥面构造层	
		明沟	1—水篦子 2—1：2.5防水砂浆面层 3—100厚C15混凝土基座 4—桥面构造层	
		①—Mu7.5砖砌体 ②—预埋 φ40@1000排水管		
路18	桥面彩色透水混凝土整体路面接排水沟（暗沟）	暗沟	1—1×1目钢丝网 2—水篦子 3—成品排水沟 4—桥面构造层	
		①—桥面，做法参考路16做法		

注：排水沟断面详工程设计

桥面排水沟构造

图集号 川16Z117-TY

页次 15

编号	名称	构造做法	构造简图
路19	绿色柔性透水混凝土跑道构造	1—无溶剂2.0渗水型跑道13厚 2—无溶剂胶粘剂 3—保护剂涂层 4—30厚原色面层 5—50厚原色底层 6—20厚粗砂找平层 7—200厚级配碎石（粒径20～60） 8—素土夯实，压实度≥93%	
路20	铺装人造草皮的透水混凝土足球场构造	1—人造草皮50厚 2—无溶剂胶粘剂 3—保护剂涂层 4—30厚原色面层 5—50厚原色底层 6—20厚粗砂找平层 7—200厚级配碎石（粒径20～60） 8—素土夯实，压实度≥93%	

注：球场、运动场排水详工程设计

透水跑道构造、透水足球场构造

彩色透水混凝土整体路面四川省2015年计价定额基价

B.1 园路、园桥工程（编码：050201）

B.1.1 园路（编码：050201001）

工作内容：清理基层，测量弹线，掺入专用粘接剂，混凝土拌合，运输，人工入模摊铺，打磨收边补子，养护，切伸缩缝及嵌缝，涂保护剂等

单位：m²

定额编号				EB0154	EB0155
项　　目				彩色生态透水整体路面	
				厚度（cm）	
				8	12
基　　　价				241.28	339.83
其中	人　工　费（元）			20.21	26.49
	材　料　费（元）			168.32	235.62
	机　械　费（元）			40.09	59.63
	综　合　费（元）			12.66	18.09
	名称	单位	单价	数	量
材料	水泥32.5	t	400	0.037	0.06
	碎石3～5 mm	m³	100	0.038	0.038
	碎石10～20 mm	m³	80	0.063	0.113
	透水整体路面专用粘接剂	kg	90	0.7	1.28
	透水整体路面专用保护剂	kg	50	0.98	0.98
	透水整体路面专用嵌缝剂 590 mL/支	支	12	0.18	0.18
	专用着色剂	kg	25	0.65	0.65
	水	m³	2	0.236	0.284
	其他材料费	元		13.8	15.6
机械	柴油	kg		(2.862)	(4.292)

注：1. 彩色透水混凝土整体路面四川定额基价，指彩色透水混凝土整体路面的保护剂涂层、面层、底层的基价。

2. 工程量计算规则：透水整体路面按设计图示以"m²"计算，不扣除单个面积≤0.3 m²的孔洞、柱及其他占位面积，应扣除面积＞0.3 m²的各种占位面积。

2. 上述定额详见2015四川省建设工程工程量清单计价定额《绿色建筑工程　雕塑艺术工程　补充定额及定额解释（一）》，上述定额中不含中砂结合层，级配碎石层和土基层处理的内容。未含部分内容另行计算。

3. 涉及该工程项目的综合单价计算，应按照2015四川省建设工程工程量清单计价定额《绿色建筑工程　雕塑艺术工程　补充定额及定额解释（一）》，以及项目实施期间省定额站发布的人、材、机、综合费等调整的相关配套文件执行。

附录1：工程实例展示

附录1：工程实例展示	图集号	川16Z117-TY
	页次	18

附录1：工程实例展示

| 附录1：工程实例展示 | 图集号 | 川16Z117-TY |

附录1：工程实例展示

附录1：工程实例展示	图集号	川16Z117-TY
	页次	20

附录1：工程实例展示

注：1. 呼和浩特1月份平均气温为-13.1 ℃。（1月份平均气温＜-10 ℃即为严寒地区）

2. 重庆2011年8月份日最高温度＞40 ℃达12天；2013年8月7日极端最高，温度达43.5 ℃，热冠全国。

附录2：彩色透水混凝土整体路面剖面图

- 彩色透水混凝土整体路面30 mm厚彩色面层
- 彩色透水混凝土整体路面30～120 mm厚原色底层
- 粗砂找平层20 mm厚
- 级配碎石200 mm厚（粒径20～60 mm）
- 素土夯实（压实度≥93%）

附录2：彩色透水混凝土整体路面剖面图	图集号	川16Z117-TY
审核 柴铁锋 校对 李珊 设计 陈林霞	页次	22

附录3：彩色透水混凝土整体路面颜色色卡

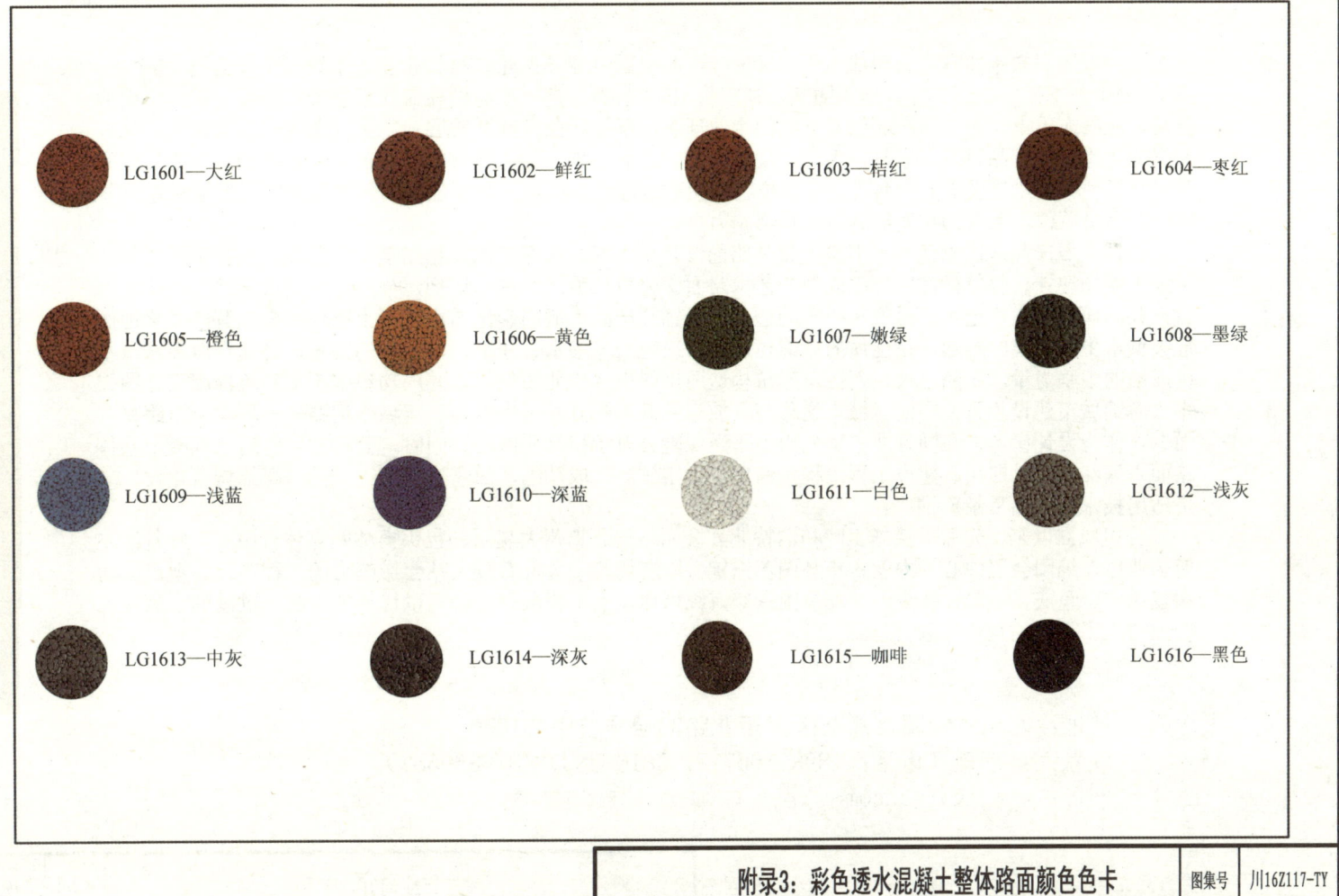

图集号	川16Z117-TY
附录3：彩色透水混凝土整体路面颜色色卡	页次 23

企业简介

　　四川靓固科技集团有限公司成立于2005年，是中国专业环保建筑材料企业，下设12个分公司、5个办事处，4个加工工厂，25支专业施工团队，在职员工500余人，是一家能做高荷载彩色透水混凝土整体路面的公司。靓固人秉承"人品、产品创天下"的企业理念，坚持绿色可持续发展观，实行现代化企业管理，是一家崇尚生态，集产品研发、原材料生产、现场施工、产品维护一体化经营的专业公司。公司2015年先后成为四川省新型城镇化建设研究会名誉会员单位、四川省统筹城乡协会会员单位、四川省绵阳市新型墙材建筑节能协会会员单位，荣获2016海绵城市最具影响力企业一等奖。

　　公司主要产品靓固彩色透水混凝土整体路面，是由集料、水泥、水、粘结剂、着色剂、保护剂等材料，于施工现场搅拌、整体摊铺、一次成型的艺术路面。公司从美国引进粘结剂，与西南科技大学建立产业联盟，共同研发和生产透水、透气、吸声的透水地面铺装产品。靓固彩色透水混凝土整体路面能解决硬化地面危害城市生态环境的难题，是优质的海绵体，能解决地表"渗水、净水、蓄水"的问题，是建设海绵城市不可或缺的中坚力量。产品已被列入国家建筑构造通用图集《华北图集》，并成功参编国家建筑标准设计图集（海绵城市建设系列）中的《城市道路与开放空间低影响开发雨水设施》《城市道路——环保型道路路面》，作为设计参考，在同行业中率先由太平洋保险公司承担品质保证。同时，公司的彩色透水混凝土整体路面入编2015版《四川省建设工程工程量清单计价定额》，成功纳入国家住建部第一批《海绵城市建设先进适用技术与产品目录》推广。

　　公司成立以来，先后承接施工呼和浩特北郊公园、河北霸州大观园、包头奥林匹克体育中心、牡丹江友博药业厂、绵阳会展中心、内蒙古雅马图苏鲁锭太阳广场等一大批有较大社会影响力的工程项目。现已成功参建遂宁、重庆、贵阳、萍乡、西安等国家级海绵城市试点工程项目。公司以优异的人品、过硬的产品在社会上树立了良好的企业形象。

地址：四川省绵阳市高新区火炬北路33号领航中心10楼
联系人：李谦（电话：18981106777，0816-2837848/6869567）
网址：www.lgjtgs.com